F. C. B

from Eady

29/5/99

Vale Press

Il a été tiré de cet ouvrage 256 exemplaires, dont 6 sur parchemin.

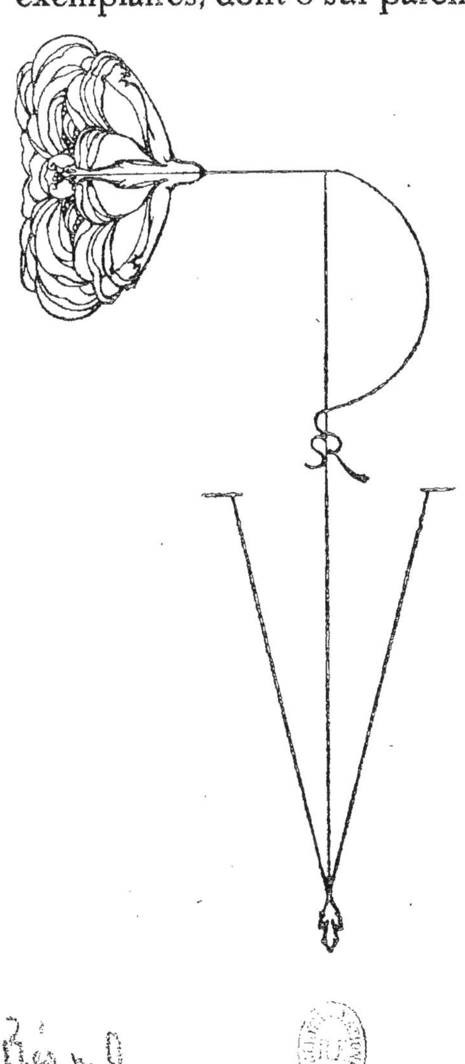

DE LA TYPOGRAPHIE ET DE L'HARMONIE DE LA PAGE IMPRIMÉE.

WILLIAM MORRIS ET SON INFLUENCE SUR LES ARTS ET MÉTIERS

❧ PAR CHARLES RICKETTS & LUCIEN PISSARRO.

m
d
c
c
c
x
c
v
ii
i

FRANCE
EN VENTE chez Floury, No. I. Boulevard des Capucines, Paris.
ENGLAND
SOLD BY Hacon & Ricketts, LII. Warwick St., near Regent St., London.

L'art est-il utile? Oui. Pourquoi? Parce qu'il est l'art.—Ch. Baudelaire.

DE LA TYPOGRAPHIE ET DE L'HARMONIE DE LA PAGE IMPRIMÉE.

à Georges Lecomte.

I

DANS un renouveau des métiers le livre paraît, au premier abord, la chose la plus facile à régénérer. Sa technique restreinte, l'emploi d'une ligne noire sur blanc, la parenté de cette ligne avec le trait de plume, corrigé seulement par l'œuvre du graveur (dans la typographie et dans la gravure sur bois), n'offre pas les difficultés d'une matière plus complexe ou retorse: tels, la technique du brocart, du tapis ou l'agencement d'un vitrail.

Et, malgré cela, depuis trente ans qu'agit sur les métiers, en Angleterre, une préoccupation d'intimité curieuse dans les arts, le livre est le dernier venu.

Nous ne nous soucierons pas ici d'un renouveau purement artistique du trait, du caractère de l'illustration en elle-même.

❧ Dans tout cela l'influence de transformation nécessaire au livre peut faire entièrement défaut. En sa qualité d'art particulier, cette illustration, toute admirable qu'elle soit en elle-même, est, trop souvent, quelque chose d'ajouté au livre, sans relation de procédé, sans appui sur le caractère de la ligne dans la typographie, sans rapport de tonalité avec elle.

❧ Dans ce mouvement d'il y a trente ans, avec tout ses côtés de recherche, le trait dessiné n'était plus le trait neutre du graveur de "billets de banque" de l'illustration d'alors. Avec un trait plus chercheur et ses besoins nouveaux, les compositions étaient devenues plus touffues, aussi plus nourries, ayant un élément de concentration qui fait de l'image une chose parlant aux yeux, mais trop libre encore pour s'harmoniser avec la typographie, dont le trait n'est pas un trait libre. L'idée d'ajouter à cela un trait corrigé par le métier du graveur original, mais exact, n'existait pas; la typographie ayant perdu, comme toute typographie moderne, l'accent des procédés nobles et artistiques aurait, d'ailleurs, rendu inutile tout effort en ce sens. L'illustration préraphaëlite proprement dite cesse vers 1870, et avec elle l'élément décoratif par concentration que nous avons reconnu en elle.

C'est dans deux ou trois manuscrits calligraphiés par William Morris, dans un projet entre lui et Burne Jones d'un Virgile enluminé, resté à l'état de projet, qu'on trouve l'idéal conscient du livre harmonique. C'est à ces efforts qu'il faut rattacher, en Angleterre, un renouveau d'intérêt dans les beautés intrinsèques du livre. De cette préoccupation du précieux poussée aussi loin que possible, de cet effort "tout d'affection" résulta une connaissance plus profonde des ressources de l'ornementation, mais surtout de l'anatomie de la lettre.

Tel fut, d'ailleurs, l'avantage des premiers imprimeurs dans le passé: comme héritiers des traditions de la belle écriture, il ne leur restait à faire que l'effort rétrospectif de l'épurement des formes sur les données ancestrales du Xe & XIe siècle (les ancêtres de toutes les écritures), pour trouver les formes supérieures (dites Romaines), de la typographie italienne du XVIe siècle, d'où descend, en se corrompant, la typographie moderne.

L'époque heureuse fut de courte durée; la typographie perdit la santé de ses formes, se rétrécit, dès le XVIe siècle, même avec Aldus, devint ovale, oublia l'œuvre de la plume dans un épurement de la forme par le graveur, ou fade ou hâtif; plus tard, tout reste de tradition disparut, la typographie devint pauvre et ronflante, comme au XIXe siècle.

La mise en page avait été perdue depuis longtemps: je ne sais quoi de voyant, d'emphatique, manquant de concentration, avait pris la place des théories sobres d'autrefois sur la mise en place d'un titre dans l'emmanchement d'une page.

☙ Il y a une loi fatale contrôlant l'effet définitif d'une chose, non seulement par le point de départ, mais par une infinité de causes, de détails, qui montrent ou l'orgueil ou la joie de l'ouvrier, agissant simplement & avec confiance vers un but, pour lui, ou nécessaire ou admirable. On trouve dans ces conditions toutes simples, même sans l'influence immédiate d'un esprit supérieur, des résultats difficiles à obtenir, aujourd'hui, sans un effort d'art considérable. Le secret de la réussite n'est pas entièrement là, mais ce milieu nécessaire à la création facile, à ces belles époques, enveloppe et soutient l'artiste. De temps en temps cette combinaison a produit quelques livres hors ligne, qu'on peut appeler des chefs-d'œuvre, où, sûr d'un intérêt, d'une sympathie immédiate, on trouve une absence totale de ces affectations d'enseignes, pour secouer l'apathie des gens ou pour plaire à leur vanité, comme dans les frontispices du XVIIe. siècle et dans ceux d'aujourd'hui.

☙ Dans la fatigue générale actuelle, le bibliophile est tenté, sans l'existence d'une tradition, de faire du beau ou du nouveau par le moyen d'un art n'ayant aucune attache avec les données du livre. Devant la laideur et l'affadissement actuels de la typographie, la simplicité classique de l'alignement des pages & des titres peut paraître au bibliophile une affectation d'archaïsme. De même, la laideur des caractères typographiques peut aussi le pousser à croire qu'un retour vers la lettre écrite, vers une compréhension logique de ses formes, vers leur épuration par le travail de l'outil, corrigeant l'écriture (car la lettre imprimée n'est plus une lettre écrite), constitue également un recommencement archaïque, puisque la typographie moderne ne montre, ni l'influence des procédés formateurs, ni logique aucune dans l'anatomie des formes, et surtout, aucun élément de beauté.

☙ Le sens dessinateur d'un artiste doit se trouver blessé par les pleins & les déliés d'un goût faux, par les emmanchements malades & les formes comprimées des lettres ordinaires. Son goût personnel peut lui dicter des idées plus larges et plus simples dans la compréhension des formes; reste aussi la haine des petites fioritures introduites pour des raisons! . . . . . . sous lesquelles telles lettres ont cessé d'appartenir aux formes radicales de l'alphabet.

☙ Un retour vers les sources inspiratrices de ces lettres et la compréhension des procédés nécessaires pour les refaire peuvent seuls donner le moyen de régénérer la typographie et de lui ajouter une harmonie, un élément qui, à présent, lui manquent. Les défauts que nous avons signalés proviennent surtout de cette nécessité d'économiser l'espace que veut le grand bon marché: économie poussée si loin que les mots sont devenus presque illisibles sous l'abus des espaces blancs.

☙ Avec le manque d'intérêt parmi les artistes devenus hommes de métiers, sculpteurs ou peintres, l'élément dessinateur a disparu dans les industries, et le raffinement demandé par tel bibliophile, dans une édition spéciale, a pris la forme d'une petite nouveauté de facture d'artisan, ou même une vulgarité, petite seulement, de format et d'intention.

☙ Rappelons-nous que, la tradition étant perdue, on est tenté de faire du beau ou du nouveau avec un art étranger à la technique du livre: c'est ainsi que l'illustration devient trop prépondérante, s'isole du texte pour devenir une gravure sur métal, que sais-je? une eau-forte!—Non! toute illustration, même admirable comme telle, ne convient pas à l'ornementation d'un livre compris d'une façon harmonique. Une fois parentes des masses typographiques, dans la mise en train des pages qu'elles sont appelées a décorer, ces illustrations doivent constituer la note aigüe, la pointe lumineuse, dans l'harmonie qu'est une page, sans s'en écarter pourtant. La sympathie patiente du décorateur trouvera, à chaque endroit où une lacune se présente dans la mise en train définitive, l'occasion de déployer toutes ses ressources d'ingéniosité et le tact exquis de son travail.

Les plus belles pages dans les anciens livres furent sans décorations imprimées, et le métier de l'enlumineur devait ajouter une note de gaîté ou de grâce, là, où l'imprimerie de la gravure présentait, alors, de très grandes difficultés techniques, ne pouvant lutter avec le charme de l'ornementation peinte. Avec la décoration gravée et les masses ajoutées au texte apparaissent des difficultés et des ressources nouvelles, dont ces grands artistes que furent les vieux imprimeurs surent se tirer à merveille.

☘ L'art de la décoration était un peu fatigué, usé, vers la fin du XVe siècle. La fantaisie cependant si fraîche pour nous, de la décoration de cette époque, montre trop souvent l'influence de l'ornementation courante, appartenant à des arts différents: telles la sculpture ou la peinture (ici je parle de l'Italie); ailleurs, en France surtout, le travail trop menu et un peu fade du gothique dans sa vieillesse enjouée, montre pourtant une technique distincte pour des formes toutes spéciales à des surfaces restreintes, exemple utile à étudier, mais dont l'imitation n'est plus à faire. Toute époque d'art vraiment vivant montre une compréhension élastique de l'usage des motifs propres à un format ou à une matière particulière: il est, par conséquent, à regretter que le livre soit venu à un moment où l'art ornemental commençait à baisser. A des époques encore plus fatiguées, trop mûres, l'encadrement d'une page devient un fronton de temple, le dessin d'un brocart, une peinture à relief, et l'illustration d'un livre une chose jouant le trompe-l'œil et la fuite optique.

☘ Comme l'architecte, l'imprimeur peut exprimer la nature de sa pensée par l'usage du blanc et du noir seulement; devenant par cela ou austère ou gai. Avec l'usage de l'ornement, il peut forcer la note, seulement suggestive, de la couleur: un volume de Baudelaire peut jouer de l'effet superbe et orné à l'égal d'un livre ecclésiastique; à une édition de la Pléiade, l'usage des fleurs menues de l'automne donnerait cet aspect particulier propre à un livre compris à un point de vue d'art.

☘ Mais dans ce souci que l'ornement reste bien emboîté comme tel, faisons trêve aux motifs peints d'une manière libre, ou peints comme au "patron," et "laissons les chrysanthèmes japonais"! Le tact architectural de ce peuple est trop peu connu, "le Kérimon" est un ornement; l'usage du trait cursif appartient à l'écriture de ce pays, et non pas à la nôtre. L'élément symbolique et l'élément intime ont fourni à l'art japonais, comme à tout art vraiment vivant, des motifs décoratifs, telle la tente sacrée, telle la courbe des frondaisons de ce pays, qu'on retrouve dans des motifs de toits et de corniches. Chez nous, au Moyen-Age, l'élancement passionné d'un matérialisme spirituel a fait surgir sur les forêts de peupliers, taillées dans la pierre de nos cathédrales, les enroulements cadencés de la vigne et de la rose mystique et l'épine légendaire dans la guipure ciselée de la Sainte-Chapelle. Mais les exigences de l'ornement ne furent jamais sacrifiées. C'est là une des supériorités de l'art de jadis, de l'art vivant.

❧ L'illustration doit donner au livre l'accompagnement du geste et du décor, peut-être aussi un élément ajouté de poésie visible.

Londres, le
24 juin 1896.

☘ The history of the Renaissance ends in France, and carries us away from Italy to the beautiful cities of the country of the Loire. But it was in France also, in a very important sense, that the Renaissance had begun.—Walter Pater.

WILLIAM MORRIS ET SON INFLUENCE SUR LES ARTS ET MÉTIERS

à Diana White.

II

LA mort inattendue de William Morris nous permet quelques pages de critique sur son œuvre et son influence; influence dont la portée semble encore vague en raison de son étendue et de sa proximité.

Il y a dans ce qu'il a accompli deux éléments distincts: l'un bien à lui, poète et artiste, l'autre ouvert à tous. Je ne parle pas ici des poncifs qu'il a inventés (trop imités aujourd'hui), dont l'idée initiale cependant se rattache toujours aux conditions d'un métier bien compris; il y a là utilité seulement d'exemple .... non, il a réhabilité le travail, la probité dans les métiers; à une époque de mollesse et de suffisance artistique, il a insisté sur les exigences, les restrictions de chaque matière.

Bien qu'ornementaliste admirable, il préférait à l'ornement la simplicité structurale ou la sobriété des matières bien travaillées. A une époque presque perdue d'inattention et de bruit, il exigeait le précieux dans le travail, presque du recueillement dans la compréhension et l'appréciation d'une chose d'art: le vide, le convenu lui étaient aussi détestables que le ronflant.

On lui a souvent reproché trop d'insistance sur l'art du Moyen-Age. Il soupçonnait dans cet art des forces latentes prêtes à jaillir des décombres du faux classique d'avocat que nous a légué la Renaissance; par parti-pris il était anti-latin (il faut faire part ici à un élément de boutade).

Chaque époque se ressemble à un point de son développement ou de sa décadence: il y a certainement, même dans l'art médiæval, des époques d'ennui artistique et de fausseté prévues.

Devant l'originalité frappante de l'œuvre de W. Morris, il faut considérer le Moyen-Age plutôt comme une époque de bien-être pour lui, sur laquelle il portait toutes ses nostalgies, un endroit de rêve où il puisait des forces: car là, dans cette voie, la mode d'aujourd'hui ne pouvait agir, avec sa fièvre commerciale de hâte et de réclame. Il disait le Moyen-Age quand il voulait exprimer quelque chose d'admirable et de lointain; comme aurait dit un homme de la Renaissance: l'Italie! ou l'Antiquité!

❧ Morris a cependant donné des raisons, et des raisons solides, pour cette préférence, cette folie médiævale si l'on veut. Pour lui, la Renaissance vue d'ensemble paraissait, non pas la découverte trop surfaite de l'Antique, mais se rattachait à une poussée d'idées profondes et libres, dont le germe se développe dès le XIIe siècle dans maintes chansons ou dans des légendes passionnées, tels le "Tristan" et le "Tannhäuser"; mouvement préoccupé, sous des dehors rythmiques de la beauté, de la passion, de la force, et qui a fait réhabilitation totale de l'être humain; dont la preuve visible se trouve dans l'auguste statuaire de Reims et d'Amiens, mouvement qui avait porté des fruits merveilleux en France avant le renouveau italien.

L'idée de cette poussée intellectuelle trouve encore une certaine incrédulité, surtout en France. On se souviendra de la boutade exquise de Heine où il fait prévoir, à l'idée médiævale, dans le chant d'un rossignol la tentation du démon:

"Un jour de mai 1433, du temps du concile, une société d'ecclésiastiques alla se promener dans un bois près de Bâle. Il y avait des prélats, des docteurs, des moines de toutes les couleurs, et ils disputaient sur des points de difficulté théologique, distinguant, argumentant, s'échauffant sur les annates, les expectatives et les restrictions, recherchant si Thomas d'Aquin a été un plus grand philosophe que Bonaventure; que sais-je moi? Tout à coup, au milieu de leurs discussions dogmatiques et abstraites, ils se turent et restèrent comme enracinés dessous un tilleul en fleurs où se cachait un rossignol qui roucoulait et soupirait les mélodies les plus molles et les plus tendres. Tous ces savants personnages se sentirent merveilleusement touchés, leurs cœurs scolastiques et monastiques s'ouvrirent à ces chaudes émanations du printemps; ils se réveillèrent de l'engourdissement glacial où ils étaient plongés; ils se regardèrent avec surprise et ravissement—lorsqu'un d'eux remarqua subtilement que tout ceci ne lui semblait pas très canonique, que ce rossignol pourrait bien être un démon, que ce démon les détournait de leur conversation chrétienne par ses chants séducteurs, qu'il les entraînait à la volupté et aux doux péchés, et il se mit à l'exorciser avec la formule alors usitée: 'Adjuro te per eum qui venturus est judicare vivos et morturos,' etc. On dit que l'oiseau répondit à cet exorcisme: 'Oui, je suis un malin esprit!' et qu'il s'envola en riant. Pour ceux qui l'avaient entendu chanter ce jour là, ils tombèrent malades et moururent bientôt."

Cet ennui, ce désillusionnement (gothique) dont il parle, aurait paru à Morris plutôt la marque ou les restes d'un ancien désespoir asiatique ou romain, dont la contradiction se trouve dans les bordures mêmes des missels et sur les toits des vieilles cathédrales. Non, au XIIIe siècle l'art et la pensée avaient surgi d'une façon rayonnante pour ne plus disparaître. Sur un terrain voisin, à l'époque pour nous noire des guerres, avait paru la peinture toute gothique, profonde et minutieuse de la Flandre; en Italie la poésie intime, fille de la romance, avait déjà surgi avant l'ère de la paix; là, à partir du Giotto, nous abordons ce renouveau conscient et original que nous appelons la Renaissance que

L'histoire de l'influence de l'art français du XIIIe siècle sur l'Italie est encore à faire.

devaient corrompre plus tard les restes de l'antique, peut-être comme un miasme subtil sortant du vieux sol.

☘ Comme théorie il semblait logique à W. Morris qu'un renouveau d'art industriel moderne devrait se rattacher à l'ancien mouvement d'art des races du Nord de l'Europe: l'architecture classique ne permettant ni toits, ni fenêtres, ni cheminées. Cependant, admettons que dans l'architecture du Moyen-Age gîsaient des restes antiques: car rien ne se fait de complètement nouveau. Son insistance sur l'élément architectural a été le point de départ des arts décoratifs nécessaires, qui n'ont aucun rapport avec les arts d'agrément, avec le joli et le bibelot.

☘ L'art Persano-Arabe, parent de l'art Byzantin, a aussi influencé l'art médiæval. On semble généralement ignorer les recherches de W. Morris dans l'art Persan où il pressentait cette parenté, influence qui a su corriger toute sécheresse archéologique à l'instar de Violet-le-Duc. L'art intime du Moyen-Age ayant disparu, il a été obligé de faire du nouveau, puisque les cotons imprimés et les papiers peints sont d'un usage tout moderne. Aux enroulements cadencés de ses arabesques grises ou blanches il a su ajouter l'aubépine, le chèvrefeuille et l'églantier. Aux efforts d'épurements de la forme structurale (l'importance du mur, du toit ou le dos solide d'une chaise) il a su donner une couleur ou sobre ou gaie. Aux tons des intérieurs glauques et sombres du XVe siècle, au lieu des tons lugubres pruneau et caca-d'oie des teintures françaises et allemandes d'aujourd'hui, au lieu de teintes positives qui nuiraient aux combinaisons imprévues des tableaux ou ornements de passage et qui ôteraient la lumière, il a inventé des harmonies de lichen, de feuilles de saules ou des combinaisons du vieil or et du blanc. Dans les maisons décorées par lui, les boiseries structurales sont peintes de couleurs plus franches : tel le bleu, le blanc, le vert ; là les rideaux apporteront la gaîté de leurs pans fleuris de bleu, de rose saumon, de blanc semé de taches d'un rouge cuivré, couleurs propres aux teintures végétales qui se fanent harmonieusement ; nulle part des ciels plafonnant, nulle part des guirlandes dorées, ni colombes amoureuses, au lieu des saillies, des surfaces et des lignes.

☘ Nous avons parlé des tons francs corrigés par un usage exquis et savant du blanc ; cela peut sembler un peu dur d'effet, surtout vu par morceau comme dans les magasins ; mais rappelons que les tons purs se grisent optiquement sur de grandes surfaces au lieu de s'affadir comme les tons de bonbons jaunasses des teintures commerciales anglaises, qui sont trop souvent confondues avec les réelles productions du mouvement esthétique.

☘ L'œuvre de W. Morris dans l'art de la tapisserie et du vitrail mérite surtout par les dessins de Burne-Jones: la matière moderne n'ayant ni l'éclat ni la subtilité des surfaces anciennes. Dans le vitrail reste une part expérimentale pourtant intéressante à étudier; on trouve un abus de vert glauque, quelquefois de tons tirant sur l'olive, qu'il contrastait, cependant, avec tact aux grisailles dominantes, allumées par-ci par-là du rose, du rouge et du vert paon.

Sur la fin de sa vie, avec la collaboration de son ami Burne-Jones, il a remanié le livre sur une base si logique qu'un effort original ne saurait se faire sans des conditions de soins et de technique d'une importance au moins égale, et ce qu'il a fait restera sûrement comme l'effort initial dans ce mouvement.

On lui a reproché, dans le livre comme dans tout ce qu'il a fait, d'avoir été trop influencé par le Moyen-Age; cette accusation ne s'applique qu'à une partie, et à une partie secondaire, de ses publications du Kelmscott Press. Il a publié quelques œuvres médiævales de longue haleine, et ces quelques efforts, pourtant très majestueux d'effet, ont créé un préjugé en France, où les livres plus intimes, plus charmants, imprimés avec le "Golden type" sont encore à peu près inconnus. Le remaniement de ces livres gothiques sur des données gothiques reste un fait logique au fond. Il y avait aussi utilité de renouveler ses forces à une source ancienne, à un moment où le goût populaire et la spéculation faisaient main basse sur les efforts personnels, surtout en Amérique, le pays de la flibusterie artistique et littéraire, dont l'influence vulgarisatrice a pénétré à Paris et même à Londres. Disons-le hautement, la plupart de ses livres sont d'une grande originalité : à la fois riches et gais d'effet et modernes ! si ce mot peut s'appliquer à une belle chose décorative ; disons moderne, puisque les conditions qu'il a remplies ont été accomplies, peut-être pour la première fois. Son œuvre paraît gothique, c'est à dire dotée d'un style à côté de choses qui n'en ont pas. Comparée aux livres gothiques de l'Allemagne, de la France, de l'Angleterre ou de l'Italie (qui sont dissemblables entre eux), il n'y a aucune ressemblance même dans la partie retrospective de son œuvre que nous avons signalée.

☘ La dernière exhibition des "Arts & Crafts," à laquelle W. Morris malade n'avait pu donner ses soins, "car il mourut le jour même de l'ouverture de cette exposition," montrait déjà ce clinquant qu'amène avec fatalité toute exposition faite pour le public. On se rendra compte que, pour créer ou propager un mouvement d'art décoratif, il ne suffit pas d'organiser des expositions, d'ouvrir des magasins, ni même des halles; mais, comme il s'agit d'un effort constructif, la présence d'un esprit ou d'une conviction au moins est nécessaire.

❧ Avec W. Morris l'Angleterre a perdu, non-seulement l'influence créatrice du renouveau décoratif, mais, pour le moment, l'élément de concentration particulier qui en faisait la force.

Londres, le
2 mars 1897.

"Ce livre fut commencé par
Lucien Pissarro en avril 1897
et achevé au Ballantyne Press
sous la direction de Charles
Ricketts le 2 janvier 1898."

www.ingramcontent.com/pod-product-compliance
Ingram Content Group UK Ltd.
Pitfield, Milton Keynes, MK11 3LW, UK
UKHW020954220726
13924UKWH00002B/681

9 782019 953997